Rainer Crummenerl

Abenteuerreise
Von den Dinosauriern
bis zu den Wikingern

*Die spektakulärsten Fundorte
in Deutschland · Österreich · Schweiz*

Mit Bildern von Hauke Kock

Arena

Bildquellennachweis:

Annelie Kolar, Schlotheim, S. 36
Archäologisches Landesmuseum Mecklenburg-Vorpommern, Schloss Wiligrad, 19069 Lübstorf, Cover, S. 41
Brandenburgisches Landesamt für Denkmalpflege und Archäologisches Landesmuseum (BLDAM)/E. Bönisch, S. 42
Dinosaurier-Freilichtmuseum Münchehagen, Rehburg-Loccum, Cover, S. 14
Forschungsbereich Altsteinzeit des Römisch-Germanischen Zentralmuseums Mainz (Neuwied), S. 27
Freilichtanlage Funkenburg, Westgreußen, Cover, S. 34
Hessisches Landesmuseum Darmstadt/Wolfgang Fuhrmannek, Cover, S. 16
Jura-Museum Willibaldsburg, Eichstätt, S. 12
Keltenmuseum Hochdorf, S. 33
Landesamt für Denkmalpflege und Archäologie Sachsen-Anhalt (LDA)/Juraj Lipták, S. 31
Prof. D. Mania/Landesamt für Denkmalpflege und Archäologie Sachsen-Anhalt (LDA), S. 18
Museum für Naturkunde/Rößler, Chemnitz, S. 7
Museum Mödling/Prof. Peter Karanitsch, Österreich, S. 39
Naturhistorische Gesellschaft Nürnberg e.V., Cover, S. 8
Naturkunde- und Mammut-Museum Siegsdorf, S. 20
Neanderthal Museum, Mettmann, S. 22
Pfahlbaumuseum/Schöbel, Unteruhldingen, S. 2, S. 28
Urwelt-Museum Hauff/Rolf Hauff, Holzmaden, Cover, S. 10
Urwelt-Museum Oberfranken, Bayreuth, S. 24
Wikinger Museum Haithabu, S. 44

Rainer Crummenerl,
geboren 1942, ist freiberuflicher Autor zahlreicher Kindersachbücher.
Für den Arena Verlag schrieb er unter anderem den Band »Abenteuerreise in die Welt der Burgen«.
Themen, die die Vergangenheit lebendig werden lassen, begeistern ihn immer.
Er lebt in der Nähe von Leipzig.

Hauke Kock,
Jahrgang 1965, studierte Kommunikations-Design.
Seit 1991 arbeitet er als freischaffender Illustrator.
Er illustriert vor allem Kinder- und Jugendsachbücher.
Geschichtliche Themen bilden dabei seinen Schwerpunkt.
Sein Interesse gilt außerdem der freien Malerei und der Fotografie.

In neuer Rechtschreibung

1. Auflage 2005
© Arena Verlag GmbH, Würzburg 2005
Alle Rechte vorbehalten
Illustrationen: Hauke Kock
Fachliche Prüfung: Dr. Antje Justus,
Museum für die Archäologie des Eiszeitalters, Schloss Monrepos
Gesamtherstellung: Westermann Druck Zwickau GmbH
ISBN 3-401-05764-2

www.arena-verlag.de

Inhalt

Aus der Erde ans Tageslicht	4
Der versteinerte Wald von Chemnitz	6
Fundort Nürnberg: der erste deutsche Dinosaurier	8
Die Fischsaurier von Holzmaden	10
Der Archäopteryx von Solnhofen	12
Dinospuren in Münchehagen	14
Der Schatz von Messel	16
Die Urmenschen von Bilzingsleben	18
Das Mammut von Siegsdorf	20
Die Höhle im Neandertal	22
Die Höhlenbären vom Drachenloch	24
Die Eiszeitjäger am Rhein	26
Pfahlbauten im Bodensee	28
Die Himmelsscheibe von Nebra	30
Der Keltenfürst von Hochdorf	32
Die Funkenburg der Germanen	34
Das Opfermoor von Oberdorla	36
Die Reiterkrieger von Wien	38
Tempelort Groß Raden	40
Die Slawenburg Raddusch	42
Die Wikingerstadt Haithabu	44
Einfach vorbeigeschaut!	46
Museumsadressen	47
Register	48

AUS DER ERDE ANS TAGESLICHT

Wie sah unsere Erde vor vielen Millionen Jahren aus? Welche Tiere gab es, welche Pflanzen? Und wie lebten die Steinzeitmenschen? All unser heutiges Wissen über Urzeit und Frühgeschichte haben Wissenschaftler aus dem Erdboden herausgelesen. Aus Knochenfunden und Fossilien, d. h. Versteinerungen, erschlossen sie ein lebendiges Bild der verschiedenen Erdzeitalter.

Und so wissen wir von den »schrecklichen Echsen«, den Dinosauriern: Wir sehen den riesigen Barosaurus vor uns, der am liebsten die Baumwipfel abweidete. Wir kennen den kleinen Compsognathus, der nicht mehr als eine Henne wog. Und wir staunen über Tyrannosaurus Rex, den Räuber mit den dolchartigen Zähnen. Vor 65 Millionen Jahren starben die Dinosaurier aus. Doch waren sie bei weitem nicht die einzigen Lebewesen, die unseren Planeten vielfältig und interessant machten.

Der Ichthyosaurier, ein wasserbewohnendes Reptil, war ein schneller Schwimmer. Er tummelte sich mit dem Plesiosaurier und vielen anderen Geschöpfen in einem warmen und seichten Meer. Dieses hatte einst Süddeutschland überspült. Ein seltsamer Vogel war der Archäopteryx, der Urahne aller Vögel. Er konnte besser klettern als fliegen. Ungewöhnlich erscheinen uns auch die Urpferdchen, die nur schäferhundgroßen Vorfahren unserer Pferde. Riesige Saurier, kletternde Vögel, winzige Pferde – welche Wissenschaftler haben ihr Geheimnis entschlüsselt? Zum einen die Paläontologen. Das sind Forscher, die sich mit den ausgestorbenen Lebewesen der Vergangenheit beschäftigen. Sie deuten Fossilien und Knochen.

Dann gibt es noch die Archäologen, die Altertumskundler. Diese Forscher interessieren sich ausschließlich für den Menschen und seine Hinterlassenschaften. Die Arbeit der Archäologen umfasst einen Zeitabschnitt,

der von den Spuren der ersten Menschen vor etwa 2,5 Millionen Jahren bis hin zum Ende des Mittelalters vor wenigen hundert Jahren reicht. Urgeschichte nennt man den größten Teil dieser Zeit. Aus ihr sind keinerlei schriftliche Aufzeichnungen überliefert. Die Urgeschichte endet mit dem Auftreten der ersten Schriftzeugnisse. Sie sind die bevorzugte Quelle der Frühgeschichte.

Auch die Arbeit der Archäologen erfordert sehr viel Geduld und Fingerspitzengefühl. Oft müssen sie ein riesiges Puzzle aus allerkleinsten Fundstücken zusammensetzen. Das Ergebnis können wir später in Museen und Sammlungen besichtigen.

Die Spuren der Vergangenheit lassen sich nicht nur in geschlossenen Museen betrachten. Einige Fundstätten sind mit viel Mühe, Wissen und Phantasie so hergerichtet worden, dass die Forscher sagen: Ja, so könnte es damals ausgesehen haben. Von erstaunlichen Funden, spannenden Museen und Anlagen, in denen die Vergangenheit wieder lebendig wird, berichtet dieses Buch. Es ist eine Reise in die Geschichte der Erde.

Rainer Crummenerl

DER VERSTEINERTE WALD VON CHEMNITZ

Weite Wiesen, leuchtende Blumen, duftende Blüten – was uns heute so vertraut ist, gab es vor 250 Millionen Jahren noch nicht auf der Erde. Auch Dinosaurier, Vögel und Säugetiere bevölkerten den Planeten erst später.

Das Erdzeitalter mit Namen Perm begann vor 296 Millionen Jahren und dauerte 55 Millionen Jahre lang.

Wüsten und tropische Paradiese

Und doch zeigte sich das Perm äußerst vielgestaltig. In weiten Gebieten war es warm bis heiß. Es gab flache Meere, Wüsten und Dünen, aber auch grüne Täler, Sümpfe und tropische Paradiese.

Baumfarne und Riesenschachtelhalme wuchsen und erste Nadelwälder dehnten sich aus. Flugentengroße Libellen surrten durch die Luft und zwei Meter lange, gepanzerte Tausendfüßer suchten nach Nahrung. Große und kleine Reptilien entwickelten sich.

Begraben unter der Glutlawine

Ein tropisches Paradies war auch die Gegend um das heutige Chemnitz. Doch ein Vulkanausbruch beendete das üppige Leben jäh. Dies geschah vor 290 Millionen Jahren. Eine Glutlawine wälzte sich östlich von Chemnitz zu Tal. Sie knickte die Baumriesen wie Streichhölzer. Die kleine tropische Oase versank unter einer mächtigen Aschenschicht. Die Ablagerungen der verheerenden Glutwolke bewahrten die Überreste und Spuren einstigen Lebens bis heute.

Schmucke Kieselhölzer

Schon im Mittelalter stieß man in Chemnitz und Umgebung auf versteinerte Bäume aus dem Perm. Später wurden die Kieselhölzer häufig zu Schmuck verarbeitet. 1751 zogen 28 Pferde einen eigens dafür gebauten Wagen mit einem riesigen Kieselholzstamm in den Dresdner Zwinger. Er kam aus Hilberdorf. Der damalige Chemnitzer Vorort ist heute weltberühmt. In seiner Erde liegt ein 290 Millionen Jahre alter Wald aus Stein.

> **Zu Besuch im Museum**
> Das Chemnitzer Museum für Naturkunde zeigt in einer Dauerausstellung alles rund um den »Versteinerten Wald«.
> Der Vulkanausbruch ist im Museum hautnah zu erleben.
> Eine Forscherecke lädt zum Mikroskopieren ein.

Landschaft im Perm vor 290 Millionen Jahren

Sauroctonus progressus

Chelydosaurus germanicus

Ein versteinerter Stamm aus dem Perm wird abgesetzt.

FUNDORT NÜRNBERG:
DER ERSTE DEUTSCHE DINOSAURIER

Eine unglaubliche Entdeckung machte der Arzt Dr. Johann Friedrich Engelhardt im Jahre 1834. In einer Tongrube nordöstlich von Nürnberg stieß er auf 45 Einzelknochen einer bislang unbekannten »Riesenechse«. Stolz stellte er sie der Versammlung Deutscher Naturforscher vor. Später untersuchte der bekannte Wissenschaftler Hermann von Meyer die Knochen. Tatsächlich – sie gehörten dem ersten auf deutschem Boden gefundenen Dinosaurier! Hermann von Meyer taufte ihn »Plateosaurus engelhardti« – »Engelhardts flache Echse«.

Schreckliche Echsen

Zu jener Zeit wusste man nur sehr wenig über diese Tiere der Urzeit. Selbst den Begriff »Dinosaurier« (»Schreckliche Echsen«) gab es damals noch nicht. Er wurde erst 1841 geprägt. Wäre es nach Hermann von Meyer gegangen, hießen die riesenhaften Urzeitreptilien heute »Pachypoda« (»Dickfüßer«). Doch dieser Name wäre weniger treffend gewesen, denn viele der später entdeckten Dinosaurier hatten mehrzehige Füße.

Ein Pflanzenfresser

Plateosaurus lebte in der Triaszeit, also vor mehr als 210 Millionen Jahren. Die Echse war sechs bis acht Meter lang. Sie besaß einen kleinen, flachen Kopf und einen langen Hals. Das vierfüßige Tier konnte sich für kurze Zeit auf seinen großen, starken Hinterbeinen aufrichten. Das war sehr praktisch, denn der Saurier fraß vor allem Blätter, die er mit seinem

Das Skelett des Plateosaurus im Naturhistorischen Museum in Nürnberg zeigt, wie groß diese Tiere waren.

Zu Besuch im Museum

Ein acht Meter langes Skelett des Plateosaurus ist im Naturhistorischen Museum Nürnberg zu sehen. Außerdem gibt es dort einen archäologischen Aktivspielplatz.

kräftigen Maul von den Bäumen abzupfte und unzerkaut schluckte. Zerkleinert wurde die Nahrung erst im Magen mithilfe verschluckter Steinchen, die aneinander rieben. Plateosaurus war wahrscheinlich ein Herdentier.

Der Tod im Schlammloch

Die Knochen des ersten in Deutschland gefundenen Dinosauriers lagern in der Universität Erlangen-Nürnberg. Den Plateosaurus kann man aber auch im Museum kennen lernen – in München, in Nürnberg und anderswo: Der Saurier mit dem flachen Kopf war sehr verbreitet. Seine Skelettreste wurden auch in Baden-Württemberg, Niedersachsen, Thüringen und Sachsen-Anhalt gefunden. Das verlieh ihm die Bezeichnung »Deutscher Lindwurm«. Ein Lindwurm war eigentlich ein Drache aus der Sagenwelt. In Deutschland und in der Schweiz entdeckte Massengräber des Plateosaurus waren vermutlich Schlammlöcher, in denen die Tiere verendet waren.

Plateosaurus, der erste in Deutschland gefundene Saurier, fraß vor allem Blätter.

Plateosaurus   *Albertosaurus*

Viele kleine Zähne wiesen den Plateosaurus (links) als Pflanzenfresser aus. Im Gegensatz dazu besaß der Albertosaurus (rechts) lange und messerscharfe Zähne – ein typisches Zeichen für den Fleisch fressenden Raubsaurier.

Plateosaurus

DIE FISCHSAURIER VON HOLZMADEN

Einst glitzerte im Süden Deutschlands ein flaches, tropisches Meer. Das war vor etwa 180 Millionen Jahren, in der Jurazeit. Damals hatte sich Süddeutschland langsam abgesenkt. Warmes Meerwasser drang ins Land ein. 30 Millionen Jahre später hob sich das Gelände wieder. Das Meer wich nach Süden zurück. Seine Spuren prägen bis heute die Landschaft. Die mächtigen Felsen im Oberen Donautal sind die Überreste ehemaliger Korallenriffe.

Schnelle Räuber

Im warmen Jurameer lebten zahlreiche Tiere. Eindrucksvoll waren die Ichthyosaurier, wasserbewohnende Reptilien. Die größten bekannten Exemplare wurden 18 Meter lang. Ihre Vorfahren waren landlebende Saurier. Die Fischsaurier mussten zum Atmen immer wieder an die Oberfläche. Sie konnten sehr schnell schwimmen. Ihre Nahrung bestand aus Fischen und Tintenfischen. Die Ichthyosaurier brachten ihre Jungen im Wasser zur Welt.

Der Saurier mit dem Schlangenhals

Ein anderer Bewohner des Jurameeres war der Plesiosaurus. Er hatte einen gedrungenen Rumpf und zwei Paar breite Schwimmflossen. Mit ihnen paddelte er wie eine Meeresschildkröte. Der kleine Kopf saß auf einem schlangenartigen Hals. Deshalb heißt diese Meeresechse auch Schlangenhals-Saurier. Sie wurde bis zu fünf Meter lang. Auch die Plesiosaurier lebten von Fischen und Tintenfischen. Mit ihrem langen, beweglichen Hals konnten sie die Beute blitzschnell packen.

Diesen Abdruck hat der Plesiosaurus in den Schieferbrüchen rund um Holzmaden hinterlassen.

Stenosaurus

Plesiosaurus

im Sturzflug

Bewohner der Küsten und Flussdeltas waren die Stenosaurier, die Krokodile des Jurameeres. Ausgewachsene Tiere wagten sich sogar weit auf das offene Meer hinaus. Dort waren auch die Flugsaurier häufig anzutreffen. Die geflügelten Urzeitwesen fingen im Meer Fische. An Land bewegten sie sich auf allen vieren wie die Fledermäuse. Fossile Reste von ihnen und anderen Tieren der Jurazeit finden sich in den Schieferbrüchen rund um Holzmaden am Fuße der Schwäbischen Alb. Im Urweltmuseum Hauff erzählen Fossilien von ihrem Leben.

Zu Besuch im Museum

Das Urwelt-Museum Hauff zeigt die besten Fossilien, die in den vergangenen 100 Jahren rund um Holzmaden gefunden wurden. Lebensgroße Modelle geben Aufschluss über das Leben im Jurameer.

Schlangenhalssaurier (links) und Fischsaurier im Jurameer

Ichthyosaurus

DER ARCHÄOPTERYX VON SOLNHOFEN

Dort, wo heute die südliche Fränkische Alb liegt, erstreckte sich vor 140 Millionen Jahren eine Unterwasserlandschaft mit Lagunen. Sie war von seichteren Schlammbänken umgeben. Schwamm- und Korallenriffe trennten sie vom offenen Meer. Das Klima war heiß und trocken. An Land durchstreiften kleine Dinosaurier die spärlich bewachsenen Inseln. Flugsaurier kreisten in der Luft.

Kein Platz zum Leben

Schlammbänke und ältere, abgestorbene Riffe gliederten die Lagunen in Teilbecken. Diese waren salzig und sauerstoffarm und daher lebensfeindlich. Doch draußen, in den vorgelagerten Riffen, gab es zahlreiche Tierarten: Korallen und Schwämme, Seelilientiere und Muscheln, Krebse und Garnelen, Quallen und Wasserschildkröten, Haie, Rochen und andere Fische. Sturmfluten schwemmten gelegentlich einige von ihnen in die Lagune. Dort gingen sie rasch zu Grunde. Feiner Kalkschlamm überdeckte die Kadaver. Er schützte sie vor Verwesung und Zerstörung.

Halb Vogel, halb Reptil

Aber auch Land- und Luftbewohner wie Archäopteryx kamen in der Lagune ums Leben. Der Name Archäopteryx bedeutet so viel wie »alte Feder«. Dieses seltsame Tier ist eine Zwischenform aus Reptil und Vogel. An den Vogel erinnern unter anderem ein vogeltypischer Knochen im Schultergürtel und die Federn, an das Reptil der knöcherne Schwanz, die Zähne im Maul und die Fingerkrallen an jedem Flügel. War der Urvogel Archäopteryx ein guter Flieger? Einige Forscher vermuten, dass er nur von Felsen oder hohen Bäumen herabflattern konnte. Seine Krallen halfen ihm diese zu erklettern.

Zu Besuch im Museum

Außer dem Urvogel sind im Jura-Museum Eichstätt auch Fossilien riesiger Fische und eines vier Meter langen Krokodils zu besichtigen.
Aquarien mit lebenden Korallenriffbewohnern lassen ahnen, wie es in der Eichstätter Gegend einst ausgesehen hat.
Außerdem zu sehen: seltene Flugsaurier.

Flugsaurier Rhamphorhynchus

Fossil des Archäopteryx im Jura-Museum Eichstätt

Im Steinbruch entdeckt

Der Archäopteryx ist weltberühmt. Bisher wurden sieben Exemplare gefunden. Sie stammen alle aus den Kalksteinbrüchen bei Eichstätt und Solnhofen in Bayern. Im Laufe der Zeit hatten sich die Schlammablagerungen der Lagune nämlich in feinkörnigen Kalkstein verwandelt. Das erste versteinerte Urvogel-Skelett entdeckten Solnhofener Steinbrecher 1861. Das schönste wurde 1877 gefunden. Es wird im Berliner Naturkundemuseum aufbewahrt. Das Jura-Museum Eichstätt hat ein echtes Archäopteryx-Fossil ausgestellt.

Ein Archäopteryx startet zu einem Flug.

Lebende Fossilien – der Kopffüßer Nautilus und der Pfeilschwanzkrebs. Beide sind Nachkommen ehemaliger Tiergruppen aus dem Jurameer.

DINOSPUREN IN MÜNCHEHAGEN

Das Bild unserer Erde wandelt sich ständig. Vor 130 Millionen Jahren gab es den Urkontinent Pangäa schon lange nicht mehr. Die einst zusammenhängende, gewaltige Landmasse war auseinander gebrochen. Ihre Bruchstücke trieben auf dem zähflüssigen Erdmantel dahin. Das sind unsere Kontinente. Sie hatten noch längst nicht ihre jetzige Position eingenommen.

Eine fremde Welt

Fremd und exotisch wirkte auch das heutige Niedersachsen. Krokodile, Schildkröten und Krebse tummelten sich in seichten Tümpeln, Wasserläufen und Mooren, die den Tieren Schutz und Nahrung boten. Ein riesiger Süßwasser-See bedeckte den nördlichen Teil des Landes. Zahlreiche Flüsse mündeten dort hinein. Sie bildeten Deltas, die ständig ihren Lauf änderten. In dem warmen und feuchten Klima entwickelte sich eine reiche Pflanzenwelt mit Nadelbäumen, Schachtelhalmen und Farnen. Insekten schwirrten in der Luft und große Flugsaurier spähten nach Beute.

Dinospuren freigespült

Auch Dinosaurier waren in dieser Gegend zu Hause. Einzeln oder in Herden durchstreiften sie die Landschaft der frühen Kreide. So nennt man das Erdzeitalter, das von etwa 144 bis 65 Millionen Jahre vor unserer Zeit dauerte. Auf dem Grund von flachen Tümpeln oder im feuchten Sand hinterließen die Dinosaurier ihre Spuren. Später versteinerte der Sand und bewahrte so die Fußabdrücke. Einige von ihnen entdeckten Feuerwehrleute, als sie 1980 bei einer Übung am Ortsrand von Münchehagen unweit des Steinhuder Meeres eine Steinbruchsohle freispülten.

Versteinerte Trittsiegel

Über 250 Saurierfährten gab der Steinbruch frei. Die meisten stammen von erwachsenen Apatosauriern. Diese mächtigen Tiere haben

Über 250 solcher Fußspuren der Dinosaurier sind im Freilichtmuseum Münchehagen erhalten.

Allosaurus

Zu Besuch im Museum

Im Münchehagener Dino-Park kann man Präparatoren beim Freilegen von Dinoknochen aus Gesteinsbrocken zusehen. Mitmach-Aktionen: Fossilien suchen im Sand.

sich auf vier Beinen bewegt und von pflanzlicher Nahrung gelebt. Ihre größten Trittsiegel sind gewaltig: 90 cm lang und 85 cm breit. Auch der Abdruck eines auf zwei Beinen aufrecht laufenden Tieres blieb erhalten. Er gehört einem räuberischen Dinosaurier.

Begegnung mit einem Riesen

Heute schützt nicht nur eine große Glashalle die wichtigsten Fährten vor der Verwitterung. Auch über 150 lebensgroße Dinosaurier sind im Münchehagener Dino-Park ausgestellt. Der Rundweg ist 2,5 Kilometer lang. Er führt durch verschiedene Erdzeitalter. Dabei begegnet man auch einem Tier, das die Erde erzittern ließ. Der Seismosaurus war mit 45 Meter Länge und neun Meter Höhe der größte Dinosaurier aller Zeiten.

Dinosaurier brachten keine lebenden Jungen zur Welt wie die Säugetiere, sondern sie haben Eier gelegt.

Dinosaurier hinterlassen im Sand ihre mächtigen Fußabdrücke.

Rhamphorhynchus

Apatosaurus

15

DER SCHATZ VON MESSEL

Unweit von Darmstadt, inmitten eines Waldgebietes, öffnet sich eine Schatzgrube. Sie ist 700 Meter breit, 1000 Meter lang und über 60 Meter tief. Vor 30 Jahren lärmten auf ihrem Grund noch Bagger. Sie löffelten Ölschiefer aus der Tiefe. Nun ist es schon lange wieder ruhig in dem umzäunten Gelände nahe der Ortschaft Messel. Doch ein Wachschutz lässt vermuten, dass die Grube noch immer Schätze birgt.

Als Messel auf der Höhe von Sizilien lag

Die Grube Messel, so heißt der geheimnisvolle Ort, ist ein ehemaliger Ölschiefer-Tagebau. Vor 49 Millionen Jahren gab es hier einen See. Damals hätte Messel auf der Höhe des heutigen Siziliens gelegen. Es war feucht-warm und ein dichter Wald aus Palmen, Lorbeergewächsen, Walnussbäumen und Farnen umgab das kleine Gewässer. Regelmäßig sanken tote Algen auf seinen Grund. Sie bildeten eine weiche Schlammschicht, in die abgestorbene Pflanzen und Tierkadaver eingebettet wurden. Eingespülte Sande und Tone überdeckten und bewahrten sie bis heute.

Skelette mit Haut und Haaren

Viele tausend Funde haben die Wissenschaftler schon aus der Schatzgrube geborgen. Unter ihnen sind nicht nur Pflanzen mitsamt ihren Blüten und Früchten. Auch farbenprächtige Insekten, Knochenfische, Frösche, Schildkröten, Krokodile, Echsen, Schlangen und Vögel wurden ausgegraben. Weltruhm aber erlangte die Grube durch die fossilen Säugetiere. Ihre Skelette blieben vollständig, oft mit Haut und Haaren, erhalten.

Die nur schäferhundgroßen Urpferdchen sind die berühmtesten Messeler Fossilien.

Palaeochiropteryx tupaidon

Diplocynodon darwini

Atlaeochelys crossesculptata

Leptictidium nasutum

16

Pferde, klein wie Schäferhunde

Rund um den urzeitlichen Messeler See lebten keine großen Säugetiere, immerhin aber Beuteltiere und Insektenfresser, Fischjäger und Fledermäuse, Halbaffen, Ameisenbären, vor allem auch Urpferdchen. Rund 70 der schäferhundgroßen, versteinerten Urahnen unserer heutigen Pferde wurden in Messel geborgen. Einige sind so gut erhalten, dass sogar ihre letzte Mahlzeit nachgewiesen werden konnte: Blätter.

Ein Blick in die Grube

1995 wurde die Grube Messel als Fossilienfundstätte in das Welterbe der Menschheit aufgenommen. Viele ihrer Schätze sind in Museen ausgestellt. Wer möchte, darf von einer Besucherplattform aus einen Blick in die Grube werfen. Vielleicht kann er dann auch Forschern bei ihrer Arbeit zusehen.

Zu Besuch im Museum

Die Messel-Sammlung im Hessischen Landesmuseum Darmstadt umfasst bislang 16 000 Fundstücke. Zu den Prunkstücken gehört neben Urpferdchen und Urtapir auch ein Ameisenbär.

Europalemur koenigswaldi

Rund um den Messeler See

Palaeopython sp.

Propalaeotherium hassiacum (Urpferdchen)

Eurotamandus jovesi

DIE URMENSCHEN VON BILZINGSLEBEN

Es geschah vor rund 370 000 Jahren in einer Gegend, die wir heute Thüringen nennen. Am Rande eines kleinen Sees stehen drei Grashütten. Vor ihnen prasseln Holzkohlefeuer. Ein paar Männer nähern sich. Sie schleppen Fleischbrocken auf ihren Rücken. Diese Männer sind Jäger, die nun mit ihrer Beute heimkehren. Die Frauen holen die Bratspieße hervor. Gleich wird die Gruppe blutige Steaks verzehren.

An der Fundstätte Bilzingsleben wurden fossile Reste des Homo erectus entdeckt.

Der entscheidende Spatenstich

Der kleine See ist längst verschwunden. Spuren des altsteinzeitlichen Lagers aber gibt es noch heute. Entdeckt wurden sie 1969 von einem Professor aus Jena. Der Forscher suchte in einem Steinbruch nahe der kleinen Ortschaft Bilzingsleben fossile Muscheln. Doch er fand nicht nur sie. Einen Spatenstich unterhalb der Muscheln stieß er auf den Fußwurzelknochen eines Waldelefanten. Daneben lagen Werkzeuge aus Feuerstein. Die Suche begann. Und sie ist noch nicht beendet.

Ein aufrechter Mensch

Bis heute sind bei Bilzingsleben zahllose Tierknochen, Werkzeuge aus Stein, Knochen und Holz ans Tageslicht befördert worden. Vor allem aber die fossilen Reste von drei Menschen! Es sind Vertreter der Art Homo erectus, des »aufrechten Menschen«. Der Homo erectus war etwa 1,65 Meter groß. Er hatte einen lang gestreckten Schädel und kräftige Augenwülste. Die Forscher staunen über seine schon beachtlichen Fähigkeiten. Sie sehen in ihm mehr als einen späten Affen.

Werkzeug aus der Steinzeit

Die Siedlung der nordthüringischen Frühmenschen hatte auch einen aufwändig gepflasterten Platz. Mehrere Ambosse aus Quarzgeröllen dienten zur Herstellung von Holz- und Steingeräten. Die Sippe bestand aus 20 bis 30 Menschen. Sie bewohnte das Lager rund 25 Jahre lang. In dieser Zeit verspeisten die Urmenschen hunderte von Tieren – Waldelefanten, Nashörner, Wildpferde. Als Waffen dienten den urzeitlichen Jägern über zwei Meter lange Speere.

Zu Besuch im Museum

Besuch der Fundstelle am »Tag des offenen Denkmals« am zweiten Sonntag im September. Im Landesmuseum für Vorgeschichte Halle/Saale ist die Fundstelle Bilzingsleben nachgebildet.

Altsteinzeitliches Lager nahe Bilzingsleben. Jäger kehren von der Jagd heim.

DAS MAMMUT VON SIEGSDORF

Im Herbst des Jahres 1975 durchstreiften zwei Jungen ein unwegsames Gelände bei Siegsdorf in Bayern. In einem Bachbett entdeckten sie eine riesige Rippe. Eine Mammutrippe? Tage und Wochen buddelten die beiden. Weitere Knochen kamen zum Vorschein. Der Winter beendete ihre geheime Grabung. Erst zehn Jahre später berichteten sie davon. Nun führten Fachleute ihre Arbeit fort. Sie bargen ein fast komplettes Mammut.

Rudi aus der Eiszeit

Heute steht in Siegsdorf ein Museum. Dort hängen die Originalknochen von Rudi an einer Wand. So heißt das Mammut inzwischen nach seinem Fundort im Graben bei Rudhart. In der Saalmitte steht Rudis nachgebildetes Skelett. Es zeigt, wie groß und gewaltig das Tier einst war. Rudi lebte vor etwa 45 000 Jahren. Damals war es sehr kalt im heutigen Deutschland. Es herrschte Eiszeit. Aus den nahen Bergen drangen Gletscher herunter ins Alpenvorland. Wind pfiff über die kahlen Hügel. Es gab keine hohen Bäume.

Im Tümpel ertrunken

Durch diese unwirtliche Landschaft stapfte Rudi, als es passierte. Der Elefant der Eiszeit stieg in einen Tümpel, denn er hatte Durst. Aber der Boden war weich. Das schwere Tier sank ein. Vergeblich versuchte es, dem Schlamm zu entkommen. Rudi geriet in Panik. Doch das verschlimmerte seine Situation. Bald waren die Kräfte des mächtigen Tieres aufgebraucht. Langsam versank Rudi im Wasser.

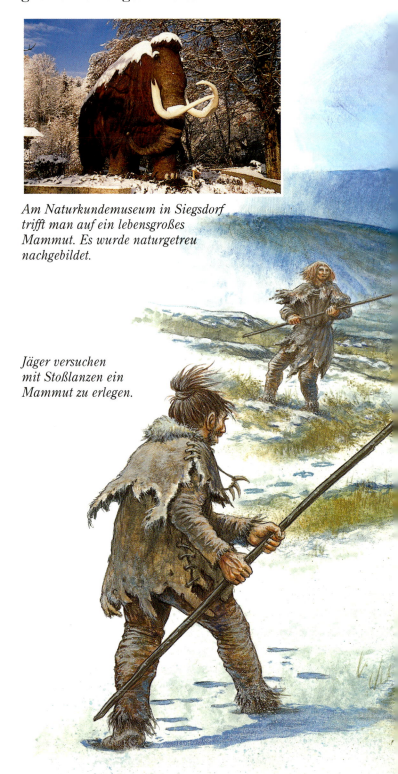

Am Naturkundemuseum in Siegsdorf trifft man auf ein lebensgroßes Mammut. Es wurde naturgetreu nachgebildet.

Jäger versuchen mit Stoßlanzen ein Mammut zu erlegen.

> **Zu Besuch im Museum**
>
> Im Naturkunde- und Mammutmuseum Siegsdorf kann man die Eiszeit erleben.
> Mit Steinzeitschnupperkurs.

Ein Höhlenlöwe in Deutschland

Nun also ist Rudi wieder aufgetaucht. Mit ihm gab der Boden die Überreste anderer Tiere der Eiszeit frei. Neben Knochen und Zähnen von Wolf, Fellnashorn, Riesenhirsch und Bison war es vor allem das Skelett eines mächtigen Höhlenlöwen. Von ihm ist sogar eine naturgetreue Nachbildung zu sehen. Und von Rudi? Natürlich auch. Das Mammut steht unweit des Museums am Eingang zum Siegsdorfer Kurpark.

Der Höhlenlöwe – ein Zeitgenosse des Mammuts. Er heißt deshalb so, weil man ihn am ehesten in Höhlen findet. Höhlenlöwen waren größer als die heutigen Löwen.

DIE HÖHLE IM NEANDERTAL

Das kleine Neandertal bei Düsseldorf war einst wunderschön. In der wilden und tiefen Schlucht rauschte ein Flüsschen. Maler kamen, um die schroffen Felsen mit ihren Höhlen, die Wasserfälle und die üppige Pflanzenwelt festzuhalten. Ihre Arbeiten sind die einzigen Zeugnisse des heute weltberühmten Tals. Es wurde durch den Abbau von Kalkstein zerstört.

Rätselhafte Knochen

Im August 1856 sprengten Arbeiter im Neandertal eine Höhle frei. Während sie das Geröll wegräumten, stießen sie auf Knochen. Gehörten sie einem Höhlenbären? Oder waren das gar die Überreste eines Verbrechens? Ratlos brachten sie die Skelettteile zu einem Dorflehrer. Johann Carl Fuhltrott erkannte, dass die Arbeiter etwas ganz Besonderes gefunden hatten. Er tippte auf einen »vorsintflutlichen« Menschen. Nach seinem Fundort im Neandertal wurde er »Neandertaler« genannt.

Vom Leben der Neandertaler

Die Neandertaler lebten in der Zeit von 200 000 vor Christus bis etwa 30 000 vor Christus. Dann starben sie aus. Niemand weiß, warum. Dabei waren diese Urmenschen durchaus nicht so dumm und ungeschickt, wie man sie lange Zeit sah. Die Neandertaler stellten Waffen und Werkzeuge her, sie fertigten Kleidung an und sie waren erfolgreiche Jäger. Auch pflegten sie ihre Kranken und Alten und ihre Verstorbenen bestatteten sie.

In Höhlenmalerei können sich die Besucher der Steinzeitwerkstatt des Neandertal Museums versuchen.

Alltag in der mittleren Altsteinzeit

Über 300 Skelette entdeckt

Und wie sah der Neandertaler aus? Er war klein und untersetzt. Vor allem aber hatte er ein vorspringendes Gesicht, breite Augenwülste und eine flache Stirn. Über 300 Skelette wurden bisher in Eurasien und im Nahen Osten entdeckt. Leider ist die Stätte der ersten Neandertaler-Funde nicht mehr erhalten. Doch ein kleiner, etwa an ihrer Stelle gelegener Park weist auf sie hin. Er gehört zu einem 500 Meter entfernten Neandertal-Museum.

Zu Besuch im Museum

Das Neandertal-Museum in Mettmann erzählt die Geschichte der Menschheit. Die Steinzeitwerkstatt des Museums bietet Urgeschichte zum Be-greifen.

DIE HÖHLENBÄREN VOM DRACHENLOCH

Am Drachenberg hoch über Vättis, einem Bergdorf im wildromantischen Ostschweizer Taminatal, lockt eine Höhle. Ihr riesiger Eingang ist schon vom Tal aus zu sehen. Drachenloch wird sie genannt, seit vor vielen Jahren einige Jäger hinaufstiegen und fossile Knochen entdeckten. Sie hielten sie für die Überreste von Drachen.

Knochenstücke und ein Zahn

Am 7. Juli 1917 machte sich der Lehrer Theophil Nigg aus Vättis mit seinem damals neunjährigen Sohn Toni auf den Weg zum Drachenloch. 1500 steile Höhenmeter waren zu überwinden. Endlich erreichten sie den Eingang der fast 70 Meter langen Höhle. In einer ihrer sechs Kammern entdeckte Theophil Nigg Knochenstücke und einen Bärenzahn. Aufgeregt brachte der Lehrer seinen Fund zu Tal. Noch am selben Tag sandte er ihn nach St. Gallen zu einem Fachmann. Schon bald kam die ersehnte Antwort.

Bären in schwindelnder Höhe

Theophil Nigg hatte in einer Höhe von 2427 Metern Höhlenbärenknochen entdeckt. Das war eine Sensation. Endlich wusste man, dass diese Großtiere der Eiszeit nicht nur die Niederungen und die Mittelgebirge bewohnten, sondern auch im Hochgebirge lebten. Das Drachenloch wurde wissenschaftlich untersucht. Vor allem im mittleren Höhlenbereich gruben die Forscher prachtvoll erhaltene Reste von Höhlenbären aus. Auch mehrere Bärenschädel befanden sich unter den Funden.

Im Urwelt-Museum in Bayreuth kann man Höhlenbären der Fränkischen Schweiz besichtigen.

Höhlen als Winterquartier

Höhlenbären waren deutlich größer als Braunbären. Beide Arten kamen nebeneinander vor, aber nur der Höhlenbär ernährte sich vorwiegend von Pflanzen. Seine Lieblingsmahlzeit bestand aus Kräutern, Beeren, Früchten und Honig. In die Höhlen kam er zum Überwintern. Hatte sich ein Bär nicht genügend Speck angefressen, überlebte er die lange Winterruhe nur selten. In manchen Höhlen fand man mehrere tausend Skelette. Vor über 10 000 Jahren starben die Höhlenbären aus.

Der Höhlenbär (oben) war etwa ein Drittel größer als der heutige Braunbär. Er hatte eine Schulterhöhe von 1,6 Metern.

Eiszeitliche Höhlenbären in den Alpen

Zu Besuch im Museum

Drachenlochmuseum Vättis mit Funden aus dem Drachenloch und Dokumenten aus der Grabungsperiode 1917–1923.
Künstliche Höhle mit lebensgroßem Höhlenbären im Naturhistorischen Museum Basel.

DIE EISZEITJÄGER AM RHEIN

Im Osten der Eifel erstreckt sich der Laacher See. Er entstand während eines Vulkanausbruchs vor 13 000 Jahren. Die Explosionen waren gewaltig. Sie rissen Gestein aus mehreren hundert Metern Tiefe nach oben. Eine Rauchsäule verdunkelte den Himmel. Unmengen Asche und Bimsstein legten sich über die Landschaft. Sie bedeckten auch die Lagerstätten eiszeitlicher Jäger. So blieben sie uns erhalten.

Ein Lagerplatz am Rhein

Ein Siedlungsplatz befand sich im heutigen Gönnersdorf. Er lag an einem kleinen Bach, etwa 50 Meter über dem Rhein. Der Fluss war breit, aber flach. In ihm schwammen Lachse und Forellen. Im dichten Röhricht lebten Schwäne, Gänse und Enten. Am Wasser wuchsen Erlen. Auf den weiten, grasbestandenen Hochflächen weideten Pferde- und Rentierherden, vereinzelt noch Mammuts und Wollnashörner. Auch Schneehasen, Kraniche und Trappen gab es. All diesen Tieren stellten die Menschen nach.

Wirksame Fernwaffe

Die wichtigste Beute der Eiszeitjäger waren Rentiere und Wildpferde. Geschickt drängten sie die Herden an engen Stellen zusammen. Dort wurden die Tiere dann mit Speeren und Stoßlanzen erlegt.

Zu Besuch im Museum

»Museum für die Archäologie des Eiszeitalters« in Neuwied. Hier kann man mit dem Feuersteingriffel in Schieferplatten ritzen oder wie ein Archäologe in einer Höhle ausgraben.

Besonders wirksam war die Speerschleuder. Damit konnte man die Speere weiter werfen und besser treffen. Die steinzeitliche Fernwaffe bestand aus einem Holzschaft. An seiner Spitze saß ein Haken. Da wurde der Speer eingehakt und dann geworfen. Die Speerschleuder verlängerte den Wurfarm des Jägers.

Kunstwerke der Steinzeit

Die Eiszeitjäger von Gönnersdorf lebten in geräumigen Zelten aus Pferdehäuten. Diese waren über Holzgerüste gespannt. Im Innern befand sich eine Feuerstelle. Zur Wohnungsausstattung gehörten auch steinerne Lampen. In ihren Vertiefungen wurde mithilfe eines Pflanzendochtes Talg oder Fett verbrannt.

Der Boden der runden Behausungen war mit Schieferplatten gepflastert. In sie ritzten die Steinzeitmenschen Bilder von Tieren und tanzenden Frauen. Sie sind heute weltberühmt.

In solch geräumigen Zelten lebten die Eiszeitjäger vom Rhein. Im Innern gab es eine Feuerstelle und kleine Kochgruben.

Eiszeitjäger jagen mit der Speerschleuder.

Diese bebilderte Schieferplatte wurde von den Eiszeitjägern angefertigt.

PFAHLBAUTEN IM BODENSEE

Der Winter 1853/54 ist lang und kalt. Im Zürichsee, einem fast 40 Kilometer langen Schweizer See, sinkt der Wasserspiegel. Merkwürdige Holzstümpfe werden sichtbar. Es sind in den Boden gerammte Pfähle. In ihrer Nähe liegen Keramikscherben, Knochen und Steingeräte im Schlick. Der See hat eine uralte Siedlungsstelle freigegeben. Es soll nicht die einzige bleiben. Das »Pfahlbaufieber« bricht aus.

Siedeln auf Stelzen

1856 werden auch am Bodensee Reste von Ufersiedlungen entdeckt. Die ältesten sind vor 6000 Jahren entstanden. Schwankungen des Wasserstandes hatten immer wieder für baumfreie Flächen im Uferbereich gesorgt. Sie eigneten sich zum Hausbau. Zunächst drehte man lange Pfähle in den Seeboden ein. Auf dem Pfahlgerüst entstanden die Hütten. Ihre Flechtwände wurden mit Lehm verkleidet. Als Dachbedeckung dienten Stroh, Rinden und Reisig. In wenigen Monaten war eine Siedlung fertig.

Eine Welt versinkt

Irgendwann nahm sich der See die Hütten wieder. Sie gerieten unter Wasser. Sand und Seekreide deckten sie luftdicht ab. So überdauerten sie die Jahrtausende. Aber auch alte Schiffswracks, Schmuck und Kleidungsstücke, Haushaltsgegenstände, Werkzeuge, Waffen sowie Jagd- und Fischereigeräte wurden in der Nähe der Hütten gefunden. Sie erzählen vom Leben der Menschen in früheren Zeiten.

Lebendige Vergangenheit

Und wie haben die Menschen damals gelebt? Ein nachgebautes Pfahlbaudorf aus der Bronzezeit zeigt es. Es steht in der Bucht von Unteruhldingen. Da sieht man, wie ein Salzhändler bei einer Familie anklopft. In dem

So wie dieser Nachbau von 2002 sah das bronzezeitliche Pfahlbaudorf vor etwa 3000 Jahren aus.

Pfahlbausiedlung am Ufer des Bodensees

kleinen Raum hat der Junge gerade einen Topf mit Brei umgestoßen. In der Hütte gegenüber sind Handwerker bei der Arbeit. Und im Kulthaus findet eine Leichenfeier statt. Das originalgetreu aufgebaute Bronzezeitdorf kann seit 2002 besichtigt werden. Älter und größer ist das steinzeitliche Dorf, das auf demselben Gelände steht.

Zu Besuch im Museum

Pfahlbaumuseum Unteruhldingen mit 20 original eingerichteten Nachbauten von Pfahlhäusern. Schülerprojekte: Aus Kalkstein, Holz oder Feuerstein kleine Kunstwerke schaffen.

Fische gehörten zum Speiseplan. Die Fischer fuhren mit Einbäumen auf den See hinaus.

DIE HIMMELSSCHEIBE VON NEBRA

Der Mittelberg bei Nebra in Sachsen-Anhalt war vor 3600 Jahren kahl. Der Blick reichte bis zum Kyffhäuser und bei guter Sicht konnte man sogar den 80 Kilometer entfernten Brocken im Harz sehen. Mit einem geeigneten Instrument sollte es möglich sein, von hier aus anhand des Sonnenuntergangs den Stand des Jahres festzustellen.

Ausgebuddelt und gestohlen

Ein solches Instrument gab es damals tatsächlich schon. Es wurde 1999 auf dem Mittelberg von Raubgräbern entdeckt. Drei Jahre später stellte es die Polizei in der Schweiz sicher. Heute ist dieses Instrument unter dem Namen »Himmelsscheibe von Nebra« weltbekannt. Die grünlich schimmernde Bronzescheibe ist 32 Zentimeter groß und zwei Kilogramm schwer. Mit ihr ist uns erstmals eine bildhafte Darstellung des Himmels von vor 3600 Jahren überliefert. Aber nicht nur das.

Was die Scheibe verrät

32 kleine Goldplättchen auf der Scheibe stellen Sterne dar, zwei große die Sonne und den Mond. Die beiden Goldauflagen am Scheiben-

Zu Besuch im Museum

Wanderung oder Kutschfahrt von Wangen bei Nebra zur Fundstelle auf dem Mittelberg. Die Himmelsscheibe von Nebra ist im Landesmuseum in Halle/Saale ausgestellt. Besichtigung der Ausgrabungsstelle Goseck bei Weißenfels.

Der Mittelberg bei Nebra bot vor 3600 Jahren einen freien Blick in die Ferne.

rand verkörpern westliche und östliche Horizontbögen. Sie sollen den Lauf der Sonne mit ihren Auf- und Untergangspunkten über das Jahr verteilt anzeigen. Ihre Winkel entsprechen genau dem Sonnenlauf im Bereich der Breitengrade von Sachsen-Anhalt während der Bronzezeit. Durch wiederholtes Peilen konnten die Menschen den Stand des Jahres feststellen. Die Scheibe diente auch als Kalender.

Eine 7000 Jahre alte Sternwarte

Nur 20 Kilometer vom Mittelberg entfernt, liegt die Gemeinde Goseck. An ihrem Ortsrand wurde bei Lufterkundungen ein Kreisgraben von 75 m Durchmesser aufgespürt. In ihm befanden sich zwei mannshohe Palisadenringe aus Holzstämmen, die von jeweils drei Toren unterbrochen sind. Die Kreisanlage ist eine Sternwarte. Von hier aus beobachteten die Menschen vor 7000 Jahren den Himmel und den Sonnenstand. Goseck ist das älteste Sonnenobservatorium Europas. Es wird wieder aufgebaut.

Sonne, Mond, Sterne und Horizontbögen zeigt die Himmelsscheibe von Nebra.

Die Kreisanlage von Goseck gilt als das älteste Sonnenobservatorium Europas.

Kyffhäuser

Brocken

DER KELTENFÜRST VON HOCHDORF

Vor 2500 Jahren wurde nahe der heutigen Ortschaft Hochdorf/Enz ein etwa 40 Jahre alter Mann bestattet. Er war in kostbare Gewänder gehüllt. Seine letzte Ruhe fand der Mann in einer großen, aus Balken gezimmerten Kammer. Sie war mit reichen Beigaben ausgestattet. Nach der Totenfeier schloss man die Kammer, sicherte sie mit Steinen und bedeckte sie mit Erde. Die Kammer stürzte bald ein. Den sechs Meter hohen Grabhügel flachten die Jahrtausende ab.

Ein wohnliches Grab

1968 fielen einer ehrenamtlichen Geschichtsforscherin auf einem Acker bei Hochdorf ungewöhnlich viele Steine auf. Offenbar gehörten sie zur Abdeckung einer uralten Grabkammer. Um die Spuren der Vergangenheit vor der Zerstörung zu retten, begannen die Forscher zu graben. Sie entdeckten ein einzigartiges Grab. Es war wohnlich ausgestattet und noch nicht geplündert. Auch hatten die Trümmer der eingestürzten Grabkammer den reich geschmückten Toten weiterhin geschützt. Der Fund erregte weltweites Aufsehen.

Liegesofa und Prunkwagen

Wer war eigentlich der vornehm gekleidete, tote Mann? Die Forscher sagen: ein Fürst der Kelten, die um diese Zeit dort lebten. Der Verstorbene ruhte auf einem reich verzierten Liegesofa aus Bronzeblech. Daneben stand ein 500 Liter fassender Bronzekessel. Er war mit Honigmet gefüllt. Ein Meisterstück der keltischen Handwerker aber ist ein 4,50 Meter langer Prunkwagen. Auf ihm befanden sich ein Speiseservice und Joch und Zaumzeug der Pferde.

Mühevolle Detektivarbeit

Leider hatte der Einsturz des Grabes den prunkvollen Wagen und andere kostbare Grabbeigaben zerstört. In mühevoller Detektivarbeit setzten die Fachleute sie wieder zusammen. Auch bauten geschickte Handwerker

Zu Besuch im Museum

Das wieder hergerichtete Original des keltischen Wagens steht im Landesmuseum Stuttgart. Die original rekonstruierte Grabkammer und Beigaben sind im Keltenmuseum Hochdorf zu sehen.

das Grab und seine Ausstattung in tausenden von Arbeitsstunden nach. Dabei verwendeten sie nur »alte« Werkzeuge und Techniken. Selbst der Grabhügel wurde wieder aufgeschüttet – so groß, wie er einstmals war: sechs Meter hoch und 60 Meter im Durchmesser.

Der wieder aufgeschüttete Hügel des Keltengrabes

Bestattung des Keltenfürsten vor 2500 Jahren

DIE FUNKENBURG DER GERMANEN

Auf einem steil abfallenden Bergsporn am Ortsrand von Westgreußen in Nordthüringen erhebt sich eine ungewöhnliche Burganlage. Gräben, Erdwälle und hohe, oben angespitzte Holzpfähle umschließen sie lückenlos. Zwei hölzerne Türme überragen die Anlage, ein Wachturm und ein Torturm. Der Torturm überspannt einen Vorhof. Durch ihn betritt man die Burg.

Dieses mächtige Tor der Funkenburg wurde rekonstruiert. Im Vordergrund ein Backofen.

Schutz für 50 Häuser

Funkenburg heißt die befestigte Höhensiedlung. Sie wurde im zweiten Jahrhundert vor Christus von Germanen angelegt und im frühen ersten Jahrhundert nach Christus wieder verlassen. Fünfzig Häuser hat die Wehranlage einst geschützt. Einige von ihnen sowie sämtliche Befestigungen sind vor wenigen Jahren wieder aufgebaut worden. Während der Ausgrabungen wurden tausende Fundstücke geborgen. Sie geben einen Einblick in den Alltag der Germanen.

Ein Rasen auf dem Dach

Die Germanen bauten ihre Häuser aus Holz, Lehm, Schilf und Gras. Die Wände waren mit Lehm verkleidete Weidengeflechte. Angespitzte Holzstämme hielten sie zusammen. Der Dachstuhl wurde aus Balken gefertigt. Holznägel und Stricke verbanden sie miteinander. Die Dachbedeckung bestand meist aus Schilf oder Rasensoden. Das war gestochener und auf den Dachstuhl gelegter Rasen. Im Haus befand sich eine Feuerstelle. Ihr Rauch konservierte das Holz. Er hielt auch Insekten und Käfer fern.

Alltag im Schutz der germanischen Wehranlage

Lieblingsmahlzeit: Rohkost

Größtes Gebäude der Funkenburg ist das zwölf Meter lange und acht Meter breite Langhaus. Es war Sitz des Häuptlings. Auf der Freifläche davor fanden Versammlungen und Beratungen statt. Die Wohnhäuser boten acht bis zehn Menschen Platz. Vorräte wurden in einer besonderen Rundhütte gelagert. Auch kleine Gärten kannten die Germanen schon. Ihre Hauptnahrungsmittel waren Wurzelknollen und Blattsprösslinge. Sie wurden roh genossen.

Zu Besuch im Museum

Die Funkenburg ist die einzige rekonstruierte Germanensiedlung Deutschlands. Das Funkenburgfest findet an jedem dritten Augustwochenende statt.

DAS OPFERMOOR VON OBERDORLA

Im Herbst, wenn dichter Nebel durch die Niederungen Thüringens zieht, herrscht am Moor von Oberdorla eine besondere Stimmung. Dann beginnt man zu ahnen, weshalb sich die Menschen in germanischer Zeit ausgerechnet Sümpfe, Flüsse und Seeufer für ihre heiligen Handlungen ausgesucht haben. Das Moor von Oberdorla war vor mehr als 2000 Jahren eine Opferstätte.

Rekonstruierte Kultstätte von Oberdorla

Beim Torfabbau entdeckt

Gefunden wurde der Kultplatz 1947. Damals begann im Ried bei Oberdorla der Torfabbau. Zunächst tauchten vereinzelt Tierschädel und urgeschichtliche Scherben aus dem Moor auf. Zehn Jahre später kamen weitere Schädel, Knochen, Holzkohle sowie Hölzer mit Schnitt- und Feuerspuren zum Vorschein. Von nun an begleiteten Wissenschaftler den Torfabbau. Sie entdeckten ein bedeutendes Moorheiligtum. Hier fanden häufig Tieropfer statt.

Rundheiligtum am Seeufer

Germanische Stämme verehrten fast 900 Jahre lang an dieser Stelle höhere Mächte. Und zwar von der Mitte des dritten Jahrhunderts vor Christus bis zum sechsten Jahrhundert nach Christus. Damals erstreckte sich in Oberdorla ein See. An seinem Ufer befanden sich kreisförmige heilige Plätze. In diesen »Rundheiligtümern« brachte der Priester Opfer dar, um die Götter zu besänftigen oder um Beistand von ihnen zu erbitten. Leider wissen wir nicht, wie eine solche Opferzeremonie abgelaufen ist, denn es gibt darüber keine schriftlichen Aufzeichnungen.

Opfer für die Gottheit

Brandreste neben den Heiligtümern deuten darauf hin, dass die Opfergemeinde ein heiliges Mahl zubereitete und verzehrte. Dieses gemeinsame Mahl sollte auch die Gottheit stärken, die ständig neue Nahrung brauchte. In Oberdorla sind im Laufe der Zeit zahlreiche Haustiere wie Rinder, Pferde, Schafe, außerdem Ziegen, Schweine und Hunde geopfert worden. Doch daneben finden sich auch Reste von Jagdtieren. Einzelne Tierschädel waren auf Pfähle gesteckt – dies gefiel wohl den Gottheiten. Auch Menschenopfer hat es gegeben. Selbst Götterbilder – so genannte Idole – fand man im Moor. Das sind Pfähle in Menschengestalt von unterschiedlicher Länge und Ausführung.

Zu Besuch im Museum

In einem Museum werden interessante Fundstücke aus dem Opfermoor gezeigt.
Im Freigelände sind wichtige Heiligtümer aus verschiedenen Zeiten rekonstruiert worden sowie typische Häuser einer germanischen Siedlung.
Auf dem Freigelände können sich Schulklassen nach Anmeldung mit germanischen Handwerks- und Jagdtechniken vertraut machen.

Opferzeremonie im Heiligtum von Oberdorla, wie sie möglicherweise abgelaufen sein könnte

DIE REITERKRIEGER VON WIEN

Aus der Luft sieht man mehr – auch, was sich unter der Erde verbirgt? Im Frühjahr 2001 stiegen österreichische Archäologen in ein Flugzeug. Sie wollten sich ein Gebiet am Stadtrand von Wien anschauen, in dem eine Schnellstraße entstehen sollte. Die Forscher wussten, dass diese Gegend schon vor Jahrtausenden besiedelt war. Würden sie etwas Wichtiges entdecken?

Gräberfeld der Awaren

Die Forscher stellten Besonderheiten im Bewuchs der Felder fest. Diese sagten ihnen: Hier unten muss ein großes Gräberfeld liegen. Die Gräber waren von Ost nach West ausgerichtet. Könnte es sich um Awarengräber handeln? Die Awaren waren ein frühmittelalterliches Reitervolk. Sie lebten ursprünglich in Asien. 552 nach Christus wurden sie von den Türken bedrängt. Die Awaren wichen nach Westen aus. Dort, in Mittel- und Osteuropa, errichteten sie eine Schreckensherrschaft.

Awarische Reiterkrieger greifen ein Dorf an.

Gefürchtete Reiterkrieger

Die awarischen Reiterkrieger waren sehr gefürchtet. Ihre »Wunderwaffe« war der Reflexbogen. Er bestand aus mehreren Schichten Holz, Sehnen und Horn. Das erhöhte seine Durchschlagskraft. Die mit schweren, dreiflügeligen Spitzen versehenen Pfeile flogen fast 500 Meter weit. In vollem Galopp konnten bis zu 20 Pfeile pro Minute verschossen werden. Panzerhemden schützten die Reiter, die außerdem noch ein Schwert oder eine Stoßlanze bei sich trugen.

Pferde im Grab

Mehr als 650 Gräber ließen die Archäologen am Stadtrand von Wien freilegen. Sie enthielten Skelette von Männern, Frauen und Kindern. Ringe und Ohrgehänge, vor allem auch Reflexbögen und Säbel bestätigten schon bald, dass es sich tatsächlich um Awaren handelte. Einige Krieger waren sogar mit ihren aufgezäumten Reitpferden beigesetzt. Die Gräber stammen aus der zweiten Hälfte des achten Jahrhunderts. Damals wurde das Reich der Awaren von Kaiser Karl dem Großen vernichtet.

Der Kamm mit Zirkelverzierungen wurde von Awaren aus Knochen kunstvoll angefertigt.

Zu Besuch im Museum

Archäologische Hinterlassenschaften der Awaren können im Wiener Museum für Naturwissenschaften besichtigt werden. Auch das Museum der Stadt Mödling zeigt in seiner frühgeschichtlichen Abteilung Funde aus einem großen awarenzeitlichen Friedhof. Sie sind von 1968 bis 1975 aus rund 500 Gräbern geborgen worden.

TEMPELORT GROSS RADEN

Mehr als 1000 große und kleine Seen glitzern in Mecklenburg-Vorpommern im Sonnenlicht. Als einer der schönsten gilt der Große Sternberger See. Er ist glasklar und reich an Fischen. Sein wertvollster Schatz aber befindet sich auf einer Halbinsel. Sie ragt in einen nördlichen Ausläufer des Sees hinein und ist von einem ausgedehnten Waldgebiet umgeben.

Slawische Siedlung ausgegraben

Ein stark verflachter Wall auf der Halbinsel ließ schon länger vermuten, dass hier einst Menschen gesiedelt hatten. 1973 begannen die Ausgrabungen. Sie übertrafen alle Erwartungen. Der feuchte Untergrund hatte die hölzernen Überreste von Wohnhäusern, Speichern, Wehrbauten und einem Tempel außergewöhnlich gut erhalten. Sie geben tiefe Einblicke in die Holzhandwerkskunst der Slawen. Götterdarstellungen am Tempel lassen ihre religiöse Welt erahnen.

Häuser für 200 Menschen

Die Siedlung Groß Raden gibt es seit der Mitte des neunten Jahrhunderts nach Christus. Sie wurde von den Warnowern gegründet. Das ist ein Teilstamm der Obotriten, der Nordwestslawen. Mit befestigten Siedlungen wie dieser wappneten sie sich vor der Ausdehnung des Deutschen Reiches östlich der Elbe. In den kleinen, dicht gedrängt stehenden Flechtwandhäusern lebten einst zweihundert Menschen. Mit einem besonderen Zugang versehen und extra geschützt war der Tempel. In ihm vertrauten sich die Menschen ihrer Gottheit an.

Alltag der Altslawen

Die Siedlung wurde nach nur wenigen Jahrzehnten zerstört. An gleicher Stelle errichtete man eine zweite. Die dritte ist erst wenige Jahre alt. Sie entstand ab 1985 auf den Überresten der zweiten und ist ein Freilichtmuseum. Es zeigt auch viele Alltagsgegenstände der Altslawen: Schalen, Löffel, knöcherne Kämme, Schuhe, Körbe, Einbäume. Alte Handwerkstechniken werden nicht nur vorgeführt. Große wie kleine Besucher dürfen nach Anmeldung selbst töpfern, spinnen, weben, backen, Körbe flechten und andere Techniken erproben.

Befestigte Slawensiedlung mit Tempel

Zu Besuch im Museum

Höhepunkt aller Vorführungen und Mitmachprojekte ist die Museumswoche im Juli jedes Jahres.

Die Überreste der zweiten Slawensiedlung am Großen Sternberger See wurden zu einem Freilichtmuseum ausgebaut.

DIE SLAWENBURG RADDUSCH

Niederlausitz heißt die flache Landschaft zwischen Schwarzer Elster und Neiße im östlichen Deutschland. Vor mehr als 1000 Jahren hatte sich hier am Rande des Spreewaldes ein slawischer Stamm niedergelassen. Die Lusizi waren, wie auch andere slawische Stämme, aus dem Osten und Südosten gekommen. Um sich gegen feindliche Eroberer zu schützen, bauten sie kleine Wehranlagen.

Mauern aus Holz, Sand und Erde

Die ringwallförmigen Slawenburgen wurden aus gitterartig übereinander geschichteten Eichenstämmen errichtet. Asthaken verhinderten ein Abgleiten der äußersten Schicht. Den entstehenden Zwischenraum füllte man mit Sand und Erde auf. Aus zahlreichen solcher aneinander gereihter Holzkästen wuchs die Wallmauer der Burg. Oben endete sie mit einem Wehrgang. Diesen schützte eine so genannte Brustwehr aus Weidengeflecht. Häufig war der Ringwall von einem Wassergraben umgeben.

Fluchtburg für das Dorf

Die Wände der Tunneltore waren mit Halbstämmen ausgezimmert. In dem geschützten Innenhof drängten sich Wohnhäuser, Wirtschaftsgebäude, Speicher, Kultbauten und Versammlungsstätten. Gewöhnlich lebten die Bauern und Handwerker in der Vorburgsiedlung. Das ist ein Dorf vor der Burg. Ihre Blockhäuser hatten nur einen Raum. Anfangs dienten die Burgen dem ganzen Dorf als Zuflucht. Später wohnten in ihnen die Burgbesatzung und ein Burgherr.

Wie vor 1000 Jahren

40 Slawenburgen gab es in der Niederlausitz. Viele mussten dem Braunkohleabbau weichen. Eine der geretteten ist die Burg Raddusch. Sie wurde zwischen 1984 und 1990 vor einem nahenden Tagebau ausgegraben. Damals war sie nur als flache Kuppe auszumachen. Als die Kohleförderung in diesem Gebiet eingestellt wurde, begann man die Burg wieder aufzubauen. Nun sieht der Ringwall aus wie vor 1000 Jahren. Sein Inneres aber ist hohl. Darin befindet sich ein Museum.

Die rekonstruierte Slawenburg Raddusch am Rande des Spreewalds

Zu Besuch im Museum

Der Ringwall der »Slawenburg Raddusch« ist äußerlich weitgehend originalgetreu wieder aufgebaut worden.
In seinem Innern befindet sich u. a. die Ausstellung »Archäologie in der Lausitz«.
Spezielle Kinderführungen gibt es auf Anfrage für Klassen und Gruppen.

Die Slawenburgen wurden aus gitterartig übereinander geschichteten Eichenstämmen errichtet.

Die ringwallförmige Slawenburg diente einst auch als Fluchtburg für das Dorf.

DIE WIKINGERSTADT HAITHABU

Die Schlei ist eine schmale, tief ins Land hineinreichende Ostseebucht. An ihrem inneren Ende entstand vor 1200 Jahren ein Handelsplatz. Man nannte ihn Haithabu, das heißt »Siedlung auf der Heide«. Was war so besonders an Haithabu? Der Ort lag an der kürzesten Landbrücke zwischen Ostsee und Nordsee. Sie ersparte die gefährliche und zeitraubende Schiffsreise durch das Skagerrak – wenn man die Waren umlud.

Schutzwall für die Stadt

Einhundert Jahre später war Haithabu eines der größten Handelszentren des Nordens. Rund 1000 Einwohner lebten damals in der Stadt, vor allem Friesen, Dänen, Schweden, Sachsen und Slawen. Haithabu war nach Plan angelegt. Ein künstlich befestigter Bach durchzog das Zentrum. Knüppelwege und bohlenbelegte Gassen bildeten ein frühes Straßensystem. Ein hoher, halbkreisförmiger Schutzwall umgab den Ort. Im Hafen erhoben sich weit ins Wasser reichende Landebrücken.

Bauern, Händler und Seefahrer

Haithabu war in der großen Zeit der Wikinger entstanden. So nannte man damals die Menschen aus Dänemark, Norwegen, Island und Schweden. Die meisten lebten in kleineren Dorfgemeinschaften oder auf einsamen Höfen. Sie waren Bauern, Jäger oder Fischer. Andere trieben erfolgreich Handel. Aber die Wikinger waren auch bekannte Seeräuber. Mit ihren Schiffen verbreiteten sie an allen bekannten Küsten Europas Angst und Schrecken.

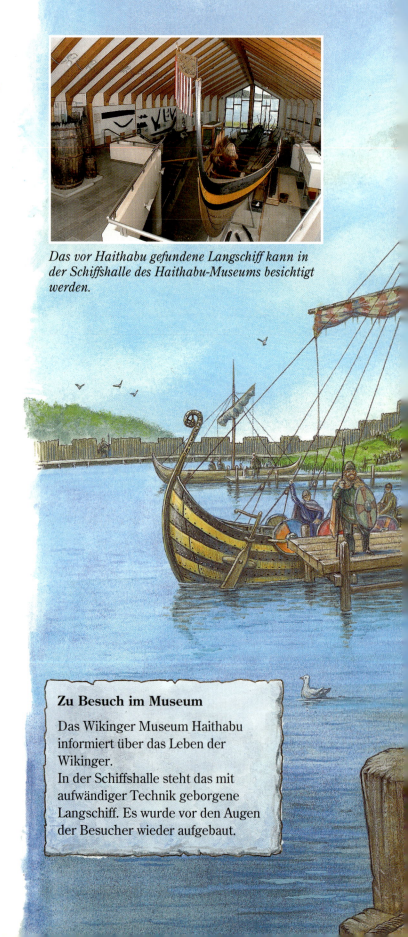

Das vor Haithabu gefundene Langschiff kann in der Schiffshalle des Haithabu-Museums besichtigt werden.

Zu Besuch im Museum

Das Wikinger Museum Haithabu informiert über das Leben der Wikinger.
In der Schiffshalle steht das mit aufwändiger Technik geborgene Langschiff. Es wurde vor den Augen der Besucher wieder aufgebaut.

Drachenköpfe am Boot

Um an der Küste und in Flussläufen möglichst schnell vorwärts zu kommen, bauten die Wikinger lange und schmale Kriegsschiffe. Die Langschiffe hatten nur einen geringen Tiefgang. Prächtig geschnitzte Drachenköpfe zierten ihre beiden Enden. Ein solches Langschiff wurde 1979 aus dem Hafen von Haithabu geborgen. Dennoch war Haithabu kein Piratennest der Nordmänner, sondern ein bekannter Handelsplatz.

Haithabu war ein bedeutender Umschlagplatz für Waren und Beute.

Einfach vorbeigeschaut!

Archäologisches Freilichtmuseum
Groß Raden
Schloss Wiligrad
19069 Lübstorf
Tel. 03867/240

Ausstellung Opfermoor Vogtei
Schleifweg 9
99986 Niederdorla
Tel. 03601/756040

Dinosaurier-Freilichtmuseum
Münchehagen
Alte Zollstraße 5
31547 Rehburg-Loccum
Tel. 05037/2073

Drachenlochmuseum
Vättis
CH-7315 Vättis
Tel. 0813061294

Freilichtanlage
Funkenburg
Dorfstr. 10
99718 Westgreußen
Tel. 03636/704616

Hessisches
Landesmuseum
Friedensplatz 1
64283 Darmstadt
Tel. 06151/16-5703

Jura-Museum
Eichstätt
Burgstr. 19
85072 Eichstätt
Tel. 08421/2956

Keltenmuseum Hochdorf an der Enz
Keltenstr. 2,
71735 Eberdingen-Hochdorf/Enz
Tel. 07042/78911

Landesmuseum für Vorgeschichte
Halle/Saale
Richard-Wagner-Str. 9
06114 Halle/Saale
Tel. 0345/5247-30

Museum für die Archäologie
des Eiszeitalters
Schloss Monrepos
56567 Neuwied-Segendorf
Tel. 02631/97720

Museum für Naturkunde
Chemnitz
Theaterplatz 1
09111 Chemnitz
Tel. 0371/488-4551

Naturhistorisches
Museum Nürnberg
Marientorgraben 8
90402 Nürnberg
Tel. 0911/227970

Naturhistorisches
Museum Wien
Burgring 7
A-1010 Wien
Tel. 01/52177-0

Naturkunde- und Mammut-
Museum Siegsdorf
Auenstr. 2
83313 Siegsdorf
Tel. 08662/13316

Neanderthal Museum
Talstr. 300
40822 Mettmann
Tel. 02104/979797

Pfahlbaumuseum
Strandpromenade 6
88690 Unteruhldingen
Tel. 07556/8543

Slawenburg Raddusch
Zur Slawenburg 1
03226 Raddusch
Tel. 035433/55522

Urwelt-Museum Hauff
Aichelberger Str. 90
73271 Holzmaden
Tel. 07023/2873

Wikinger Museum Haithabu
Schloss Gottorf
24837 Schleswig
Tel. 04621/813-222

46

Museumsadressen

Wer mehr über einzelne Funde und Fundstätten erfahren möchte, findet vielleicht ein Museum in seiner Nähe.

Der versteinerte Wald von Chemnitz

Staatliche Naturhistorische
Sammlungen
Königsbrücker Landstraße 159
01109 Dresden

Naturkundemuseum im
Ottoneum Kassel
Steinweg 2
34117 Kassel

Der erste deutsche Dinosaurier

Museum am Löwentor
Rosenstein 1
70191 Stuttgart

Paläontologisches Museum
München
Richard-Wagner-Str. 10
80333 München

Sauriermuseum Frick
Mattenweg 5
CH-5070 Frick

Die Fischsaurier von Holzmaden

Staatliches Museum für
Naturkunde Stuttgart
Rosenstein 1
70191 Stuttgart

Museum Wiesbaden
Naturwissenschaftliche
Sammlung
Friedrich-Ebert-Allee 2
65185 Wiesbaden

Fossilium Bochum
Klinikstraße 49
44791 Bochum

Der Archäopteryx von Solnhofen

Museum für Naturkunde
Berlin
Invalidenstraße 43
10115 Berlin

Museum Berger
Harthof 1
85072 Eichstätt

Museum auf dem Maxberg
Markt Mörnsheim
91807 Solnhofen

Dinospuren in Münchehagen

Saurierpark Kleinwelka
02625 Bautzen, Ortsteil
Kleinwelka

Museum für Naturkunde
Invalidenstraße 43
10115 Berlin

Geologisch-Paläontologisches
Museum Münster
Pferdegasse 3
48143 Münster

Der Schatz von Messel

Fossilien- und
Heimatmuseum Messel
Langgasse 2
64409 Messel

Naturmuseum Senckenberg
Senckenberganlage 25
60325 Frankfurt am Main

Geiseltalmuseum
Domstraße 5
06108 Halle/Saale

Die Urmenschen von Bilzingsleben

Landesmuseum für
Vorgeschichte Halle
Richard-Wagner-Straße 9
06114 Halle/Saale

Urmensch-Museum
Kirchplatz 4
71711 Steinheim an der Murr

Städtische Museen Heilbronn
Kramstraße 1
74072 Heilbronn

Das Mammut von Siegsdorf

Mammutheum
Dr.-Liegl-Straße 35
83313 Scharam/Alzing

Spengler Museum
Sangerhausen
Bahnhofstraße 33
06526 Sangerhausen

Zoologisches Museum Zürich
Karl Schmid-Straße 4
CH-8006 Zürich

Die Höhle im Neandertal

Staatliches Naturhistorisches
Museum Braunschweig
Pockelstr. 10
38106 Braunschweig

Fuhlrott-Museum
Auer Schulstraße 20
42103 Wuppertal

Urgeschichtliches Museum
Blaubeuren
Karlstraße 21
89143 Blaubeuren

Die Höhlenbären vom Drachenloch

Urwelt-Museum Oberfranken
Kanzleistraße 1
95444 Bayreuth

Staatliches Naturhistorisches
Museum Braunschweig
Pockelstraße 10
38106 Braunschweig

Naturhistorisches Museum
Wien
Burgring 7
A-1014 Wien

Die Eiszeitjäger am Rhein

Quadrat Bottrop
Im Stadtgarten 20
46236 Bochum

Städtisches Museum Engen
Klostergasse 19
78234 Engen

Pfahlbauten im Bodensee

Federseemuseum Bad Buchau
August-Gröber-Platz
88422 Bad Buchau

Archäologisches
Landesmuseum
Außenstelle Konstanz
Benediktinerplatz 5
78467 Konstanz

Museum für Urgeschichte
Zug
Hofstraße 15
CH-6300 Zug

Der Keltenfürst von Hochdorf

Keltische Höhenburg »Altburg«
55626 Bundenbach

Freilichtmuseum Keltischer
Fürstensitz Heuneburg
88518 Herbertingen-
Hundersingen

Kelten-Museum Hallein
Pflegerplatz 5
A-5400 Hallein

Die Funkenburg der Germanen

Archäologisches Freilichtmuseum Oerlinghausen
Am Barkhauser Berg 2–6
33813 Oerlinghausen

Freilichtmuseum Germani-
sche Siedlung Klein Köris
Buschweg 2
15746 Klein Köris

Das Opfermoor von Oberdorla

Niedersächsisches Landes-
museum Hannover
Willy-Brandt-Allee 5
30169 Hannover

Die Reiterkrieger von Wien

Museum Mödling
Thonetschlössl
Josef-Deutsch-Platz 2
A-2340 Mödling

Tempelort Groß Raden

Burgwall Kap Arkona
Am Parkplatz
18556 Putgarten

Die Slawenburg Raddusch

Wendisches Museum Cottbus
Mühlenstraße 12
03046 Cottbus

Wallmuseum, Museumshof
Prof.-Struve-Weg 1
23758 Oldenburg/Holst.

Die Wikingerstadt Haithabu

Museum am Danewerk
Ochsenweg 5
24867 Dannewerk

Register

A
Altsteinzeit 22
Ameisenbär 17
Apatosaurus 14
Archäopteryx 4, 12, 13, 22
Archäologe 4, 5, 26, 38, 39
Ausgrabung 17, 40
Awaren 38, 39

B
Barosaurus 4
Baumfarn 7
Bimsstein 26
Bronzezeit 28, 31

D
Dino-Park 15
Dinosaurier 4, 6, 8, 12, 14, 15
Drachenkopf 45
Drachenloch 24, 25

E
Eiszeit 20, 21, 24
Eiszeitjäger 26, 27
Erdzeitalter 4, 6, 14, 15

F
Farn 16
Feuerstelle 27, 34
Flugsaurier 11, 12, 14
Fossil 4, 11, 12, 13, 16, 17
Fossilienfundstätte 17
Freilichtmuseum 40, 41
Frühgeschichte 5
Frühmensch 19
Fundstück 5
Fundstätte 18
Funkenburg 34

G
Germanen 34, 35
Glutlawine 7
Gottheit 37, 40
Grabbeigabe 32
Grabkammer 32
Gräberfeld 38
Grashütte 18

H
Himmelsscheibe 30, 31
Homo erectus 18, 19
Höhle 21, 22, 24, 25, 26
Höhlenbär 22, 24, 25
Höhlenlöwe 21
Höhlenmalerei 22

I
Ichthyosaurus 4, 10
Idol 37

J
Jäger 18, 22, 24, 26, 27, 44
Jurameer 10, 11, 13
Jurazeit 10

K
Kalksteinbruch 13
Kelten 32
Keltenfürst 32, 33
Keltengrab 32
Korallenriff 10
Kreide 14
Kulthaus 29
Kultplatz 36

L
Langhaus 35
Lagune 12, 13
Langschiff 44, 45
Lindwurm 9
Lufterkundung 31

M
Mammut 20, 21, 26
Moorheiligtum 36

N
Neandertaler 22, 23

O
Opferstätte 36

P
Paläontologe 4
Pangäa 14
Perm 6, 7
Pfahlbau 28
Pfahlbaudorf 28
Plateosaurus 8, 9
Plesiosaurus 4, 10
Priester 36

R
Reiterkrieger 38, 39
Reflexbogen 39
Rentier 26
Reptilie 7, 10, 12
Riesenschachtelhalm 7
Ringwall 42, 43

S
Saurier 4, 8, 9
Saurierfährte 14
Schlangenhals-Saurier 10
Seeräuber 44
Seismosaurus 15
Skelett 16, 20, 21, 23, 25, 39
Slawen 40, 44
Slawenburg 42, 43
Sonnenobservatorium 31
Speer 19, 26, 27
Speerschleuder 27
Steinzeitmensch 27
Steinzeitwerkstatt 22, 23
Stenosaurus 11
Sternwarte 31

T
Tausendfüßer 7
Tempel 40
Tieropfer 36
Triaszeit 8
Trittsiegel 15
Tyrannosaurus Rex 4

U
Urgeschichte 5, 23
Urkontinent 14
Urmensch 19, 22
Urpferdchen 4, 17

V
Vulkanausbruch 7, 26

W
Waldelefant 18, 19
Wehranlage 34, 42
Wehrbau 40
Wikinger 44, 45

48